Couvertures supérieure et inférieure
manquantes

NOTICE

SUR LE PORT DE FÉCAMP

PAR

JOACHIM MICHEL

Conservateur de la Bibliothèque de Fécamp

—◦◦◦◦◦❂◦◦◦◦◦—

HAVRE

IMPRIMERIE ALBERT MIGNOT

Rue de l'Hôpital, 16

—

1865

Nos recherches sur le port de Fécamp nous ont démontré qu'il date en quelque sorte d'hier. Pourtant nous eussions voulu en faire aussi un point important de transit avec l'Angleterre sous les ducs normands ; en voir partir au XVIe siècle l'une de ces flottilles montées par de hardis explorateurs en quête de terres nouvelles. Puisque cela n'est point, nous nous bornerons à écrire un essai très incomplet; laissant à des chercheurs plus heureux que nous le soin de combler les nombreuses lacunes que l'on remarquera dans notre travail.

NOTICE SUR LE PORT DE FÉCAMP

A une époque peut être moins reculée qu'on
ne le pense généralement, la mer montait fort
loin dans les vallées du littoral de la Manche.
Les églises d'Etretat et de Saint-Valery-en-
Caux ont été bâties à une assez grande distance
du rivage actuel ; l'une, au centre de *la ville*
abandonnée, à l'extrémité du havre où l'on a
créé en 1789 la retenue et le port ; l'autre, sur
un promontoire situé entre le grand et le petit
val. Dans la vallée de Fécamp, la mer s'étendait
jusqu'à Colleville, où la naïve légende du Pré-
cieux-Sang place une peuplade de pêcheurs :
une tradition bizarre indique là le magnifique
mais très-inconnu port d'Orival. La vallée de
Paluel, barrée par les travaux des moines de Fécamp, est à peine émergée et devait former une
baie très-importante.

Sur tous ces points il existait des cours d'eau.
La Durdent et la rivière de Fécamp coulent encore, faisant mouvoir de nombreuses usines ; les
deux autres, appauvris par le déboisement de

notre contrée, ont disparu. La rivière d'Etretat, figurée sur les cartes de Mercator 1638, de Tassin 1638 et de Merian 1657, s'est, dit-on, frayé un passage souterrain : ceux qui n'y regardent pas de trop près affirment qu'elle se perd dans le galet et remplit les réservoirs que les femmes creusent à marée basse pour laver le linge.

Or, il se forme facilement à l'embouchure des rivières, dont le débit est peu considérable et l'embouchure large, des bancs que le galet vient recouvrir en leur donnant de la hauteur et de la solidité. Le barrage qui sépare le port de Fécamp de la mer n'a pas eu d'autre origine. L'eau s'écoulait des deux côtés de l'atterrissement : on avait ainsi deux passes de largeur et de profondeur variables, pratiquées et abandonnées tour-à-tour.

Les premiers travaux — bien incomplets sans doute — destinés à fixer la passe, ont du être exécutés au sud : la Tour de la Vicomté en indiquait la direction (1). Lors de la construction d'une maison, située près de là, puis en faisant des fouilles pour établir le nouveau quai de la Vicomté, on a trouvé une muraille paraissant avoir fait partie d'un quai et une couche de branches de coudrier et de conifères portant des fruits encore entiers. Ces végétaux pouvaient provenir de fascines destinées à appuyer un remblai ; mais comme il existe, dans la retenue, de grandes masses tourbeuses, ils ont pu aussi être enlevés de la pente des coteaux par des glissements de terrain et être entraînés jusqu'à cet endroit par les eaux.

---

(1) Cette construction normande a été détruite par l'incendie qui a dévoré la scierie Fréret et un grand nombre de maisons.

La vallée de Fécamp était défendue par une muraille transversale semblable à celles que l'on voyait naguères à l'ouvert de toutes les vallées du littoral. Les antiquaires ne se hasardent pas à déterminer l'âge de ces puissantes maçonneries, dont on voit les derniers vestiges le long des corderies ; mais elles sont antérieures à la domination normande. Cette muraille de la Chine a dû abriter les embarcations des conquérants qui trouvaient un bon échouage sur les vases de la vaste baie qu'elle formait ; si toutefois ils ne tiraient pas leurs navires à terre selon la coutume ancienne, suivie de nos jours par les matelots d'Yport et d'Etretat (1).

Au xiii° siècle, alors que les habitants de Veulettes s'engageaient à établir un port, que les moines de Fécamp tentaient de barrer la vallée de Palluel, on fit à Fécamp des travaux dont on ne connaît pas l'importance (2). A cette époque se rattache le dicton qui constatait l'excellence de nos harengs.

Les termes d'une donation (3) semblent prouver que la chaussée, appelée le Grand-Quai, n'existait pas encore, puisque Jehan de Fécamp donne les terrains s'étendant « entre le chemin qui mène au bourg Baudoin et le perroy de la mer. »

Pour qui connaît la ville, la population maritime se groupait alors sur le versant de la côte de Renneville et formait une bourgade éloignée

---

(1) Vers 1840 la mer, ayant affouillé le galet sous le fort du cap Fagnet, mit à découvert une maçonnerie cylindrique qui avait servi à maintenir l'axe de l'un de ces cabestans que les marins de la côte nomment *vire-vau*.

(2 et 3) Histoire de Fécamp par M. Fallue.

de l'enceinte abbatiale. Cet état de choses a duré longtemps après la création du quai, si l'on en juge par le peu de liaison du quartier du port avec le centre de la ville ; et cependant, dès le milieu du XVIIIe siècle, la réunion de ces deux points a été facilitée par la création de la route de Rouen à la mer.

Dans le cours du XIVe siècle, on fit au port des réparations : elles furent payées à l'aide d'un impôt établi sur les boissons ; et l'on n'en sait pas autre chose.

Sous la domination anglaise (XVe siècle) la dîme prélevée sur la vente du hareng produisait peu : selon un compte du cellerier de l'abbaye, le port coûtait plus à entretenir et à garder qu'il ne valait. On fit cependant des travaux pour *retenir l'eau* et nettoyer le chenal.

En 1401 Jean de Bethencourt, partit de son château de Grainville-la-Teinturière pour conquérir les îles Canaries et s'embarqua à La Rochelle : il effectua son retour à Harfleur. Fécamp, lieu voisin de sa résidence, ne lui offrait pas les ressources qu'il était forcé d'aller chercher plus loin.

Henri II accorda aux pêcheurs de Fécamp la franchise du sel pour leurs salaisons de harengs, maquereaux, morues et autres poissons. Parmi les ports de la Manche, Dieppe avait seul ce privilége. En raison de cette concession, les habitants s'engagèrent à contribuer pour moitié aux dépenses du port.

Il fallut en 1551 faire déblayer l'entrée, encombrée par la chute de la jetée d'aval, Ce passage de l'ouvrage de M. Fallue prouve qu'il y avait deux jetées, mais ne renseigne ni sur leur position ni sur leur importance.

Cependant une réclamation d'un fermier des droits porte que : « le trafic de la marine était délaissé par le rompement des port et barres du havre. » D'autres réclamations indiquent que plusieurs maisons, bâties entre les deux barres, avaient été démolies pendant la guerre : l'on verra plus loin qu'elles n'ont pas été promptement réédifiées.

Le grand quai était donc complétement créé. Il a dû être établi sur une alluvion, formant un second barrage fixé et élevé par des travaux qui l'ont mis à l'abri de l'action des marées. M. Ducrot (1) parle d'une île nommée *Sauville* sur laquelle on a pu appuyer les remblais.

Nous trouvons un bail fait à Pierre Bourgaise en 1669 pour les droits de la posée du port, du bassin (il ne faut pas prendre ce mot dans son acception actuelle) et pour la maison de la Vicomté.

Nous arrivons à l'époque où un changement assez violent fit entreprendre les premiers travaux vraiment sérieux et facilita les développements du commerce maritime.

En 1683, les commerçants refusèrent d'acquitter les droits de Vicomté réclamés par l'abbaye. Le fermier obtint une sentence de l'Amirauté contre les récalcitrants, qui n'en persistèrent pas moins à refuser l'impôt. Les moines, s'appuyant sur un privilége concédé, disaient-ils, par Richard II, duc de Normandie, et confirmé

---

(1) Man. de la bibl. de Fécamp.

par les édits de 1568, 1683, etc. s'adressèrent directement à l'intendant de la marine ; ce dernier donna gain de cause aux bourgeois. La Vicomté de la mer fut supprimée et remplacée par une lieutenance de l'Amirauté.

Les Anglais bombardèrent Dieppe en 1694, non Fécamp ; il n'en valait pas encore la peine. On l'avait cependant mis en état de défense en construisant un petit fort sous la côte du Bourg-Baudoin (1), une tour sur le perrey et le fort Samson, récemment détruit par la mer, que les habitants du pays ont toujours désigné sous le nom de *batifau* (2).

Faisant enfin partie du domaine public, le havre de Fécamp devait attirer l'attention du gouvernement de Louis xiv : aussi Vauban fut-il chargé de déterminer la configuration du port. L'on commença, en 1710, sur les indications du maréchal, des travaux qui constituèrent une grande amélioration. La passe fut définitivement fixée au Nord : comme la direction de l'axe de l'écluse de chasse en accusait nettement l'intention (3). Le versant de la côte se terminant par une pente rapide il suffisait de le couper pour trouver, dans les couches calcaires, une assiette solide pour la jetée très courte que l'on établit et pour le mur qui enceint le brise-lames en dedans de l'estacade. Les conditions du sol permettaient donc de réaliser de grandes

---

(1) Il possédait, il y a peu d'années, trois beaux canons en bronze portant la devise de Louis XIV, qui parlèrent pour la dernière fois quand la duchesse de Berry entra dans le port en 1824.

(2) Par corruption de Batifol (voir le Glossaire de Roquefort).

(3) M. Ducrot Loc. cit.

économies : cette raison n'a pas été sans influence sur le choix que l'on fit de ce point.

En 1719, l'ingénieur des travaux du roi se plaignait de ce que les malveillants brisaient les outils et écornaient les pierres. La part contributive demandée à la ville avait-elle aigri les esprits et excité un mécontentement qui se traduisait par un dommage causé à l'entrepreneur ?

Les écluses de chasse étaient établies en 1721 ; mais l'eau envahissait dans les fortes marées une partie du grand quai dont le muraillement n'était pas encore complet en 1728.

Cette chaussée informe, où l'on ne voyait que deux maisons, servait de chantier pour la construction des navires. On les *jetait* tout simplement à l'eau, ou bien on leur creusait un passage comblé tout aussitôt.

Les pièces de l'amirauté, déposées au tribunal de commerce, contiennent une requête du procureur du roi contre « les propriétaires des carvelles qui sont dans le port » qui « s'immiscent de faire mettre leurs vaisseaux de travers au quai, de sorte que la longueur de quatre complète l'étendue du terrain propre à charger.... demande qu'ils soient contraints de se mettre bout à quai ». Il en était encore de même en 1741.

L'épi, qui constituait le brise-lames du temps et formait un angle redoutable pour les navires, causait dans la passe et dans le port un violent ressac, déposant des pouliers énormes. Un réglement rédigé en 1764, d'après l'avis de M. Gallot, sous-ingénieur des ponts-et-chaussées, oblige les navires à prendre leur lest « à même un banc qui se trouve dans le milieu du port. »

Le produit du délestage devait être porté « sur le terrain qui reste à remblayer entre le quai qui fait face au chenal et le magasin du sieur Dominique Tougard, ou auprès de l'ancien parc aux huîtres de Desjardins ». Cet ilot si mal placé a subsisté longtemps : les marins l'appelaient la *vesce* : il s'était si bien couvert d'herbe que les chasse-marées y menaient leurs chevaux paître.

La jetée Nord figure seule sur un plan de 1774 ; la jetée Sud ne paraît que bien plus tard : elles étaient construites en bois. La seconde, exposée au frottement des galets, était l'objet d'un entretien dispendieux, lorsqu'elle fut détruite par une violente tempête, dans la nuit du 28 au 29 novembre 1791 et par les coups de vent qui la suivirent. Le conseil général de la commune demanda une jetée en pierre et la reconstruction de l'estacade, ou mur de quai, qui soutenait l'écluse de l'est qui menaçait ruine (1). » Après des réclamations réitérées, on obtint des fonds et les travaux furent commencés en 1793.

Le 15 Floréal an VIII, l'ingénieur Lescaille remit à l'administration communale un plan, déposé aux archives, devant servir aux alignements. On y voit figurer un ensemble de travaux, exécuté depuis avec des modifications assez importantes. Sur le plan de Lescaille, le quai du bassin continue en droite ligne le quai de la Vicomté et se complète par une rue aboutissant au carrefour où la rue Saint-Etienne et la rue de la Petite-Croix se réunissent. Le prolongement des jetées, les estacades, les cales, etc., y sont tracés. Comme à Saint-Valery-en-Caux, la retenue est entourée d'une chaussée plantée, for-

---

(1) Registre des délib. du Conseil de la commune.

mant boulevard : il est à regretter que cette partie du projet ait été abandonnée.

Les travaux de la jetée d'aval ayant été bientôt interrompus laissèrent à l'entrée un écueil où des bateaux se perdirent corps et biens en l'an x.

En l'an xiii, on eut la singulière idée de proposer l'abandon des travaux de l'entrée pour employer les fonds à la construction d'une porte de flot qui permît aux navires fins l'accès de la retenue.

En 1810, l'état du port était déplorable. Le conseil fit de vives réclamations. « La digue d'enceinte, établie en 1797, disait-il, pour protéger la pose des pierres, est dans un état de délabrement affreux ; elle menace de laisser le galet envahir le port. Dans l'état où elle se trouve, cette digue ne peut contenir les efforts de la mer qui forme derrière un chenal, lequel remplit le port de galet et déchausse les fondations des édifices bâtis sur le perrey ; de telle sorte que l'année dernière le fort blanc a été détruit. Cette année, une tour qui subsistait depuis des siècles (1) a été déracinée, etc. L'écluse de l'est n'est soutenue, depuis l'an V, que par des étais, le radier du côté du port est tout en l'air et semble prêt à tomber. »

La jetée sud, dont les travaux ont été plusieurs fois interrompus et repris, a été enfin terminée en 1825. Mais depuis on a senti la nécessité de la prolonger de façon à présenter un obstacle au galet qui pénétrait dans la passe et formait à l'entrée un énorme poulier. On entreprit donc, en 1850, un vaste musoir de 13 mètres 40 centi-

---

(1) Il y a là une erreur, cette tour avait été construite par Vauban.

mètres de diamètre au couronnement qui se reliait à l'ancien musoir par une claire-voie, formant brise-lame dans l'enceinte circonscrite par une contre-jetée en bois. La violente tempête de novembre 1862 a détruit et la contre-jetée et la claire-voie qui seront remplacées par de solides ouvrages en bloc et brique liés par un mortier de Portland. Ces travaux importants sont en cours d'exécution et très-avancés.

La jetée nord, construite d'abord en bois, a été réédifiée en pierre de taille de 1820 à 1842. Elle porte un pharillon dont le feu est à éclats.

Un phare à feu fixe de premier ordre, situé sur la côte du Bourg-Baudoin, non loin de la chapelle de la Vierge, à 130 mètres au-dessus de la mer, a été allumé en 1836. Il a une portée considérable, puisque les marins l'aperçoivent alors qu'ils voient encore les feux anglais.

L'estacade nord date de 1837, l'estacade sud, de 1851 ou 1852.

Le quai des Pilotes a été reconstruit en 1838-39.

Le quai de la Vicomté borde un platon auprès duquel on a établi un gril.

Les travaux du bassin ont été commencés en 1829. Les portes de flot ont été posées en 1833, mais le bassin n'a été livré au commerce qu'en juillet 1836. Son insuffisance a bientôt été reconnue et il a fallu en augmenter la superficie qui est encore trop restreinte pour l'importance des armements.

Les écluses de chasse, dont les portes encombrantes diminuaient le débit, se manœuvraient difficilement : elles ont été refaites en 1847.

Elles sont simples, élégantes. Le débouché est de 10 mètres et les portes n'encombrent que 1 mètre 20, volets compris.

Pendant longtemps la profondeur du chenal et du quai a été limitée par un banc de roches qui se trouvait à l'ouvert du port : le radier de la porte de flot avait dû être établi sur cette profondeur. Les découvertes de la science moderne ont permis de détruire cet obstacle. On a attaqué la roche par des commotions résultant des explosions de vases pleins de poudre, dont l'inflammation était déterminée par une étincelle électrique. Des plongeurs allaient saisir les pierres qui étaient enlevées sur des pontons au moyen de chaînes. On a donné ainsi à l'entrée et à l'avant-port une profondeur de 2 mètres au-dessous de la plus basse marée observée et les quais ont été repris en sous-œuvre. Enfin, il fallait bien permettre aux navires, que le port pouvait admettre après ces améliorations, de pénétrer dans le bassin : on a donc entrepris une nouvelle porte de flot. Ce travail a été accompli par M. Carlier auquel il a valu la décoration de la Légion-d'Honneur, juste récompense de l'intelligence et de l'ardeur qu'il a montrées alors qu'il a fallu se débarrasser d'une source jaillissante d'un débit considérable qui a nécessité, pour les épuisements, l'emploi de deux puissantes machines à feu. Les ciments à prise lente ont permis d'employer pour la nouvelle entrée le bloc et la brique. Cependant la pierre et le granit ont trouvé leur place et l'ensemble du travail est d'un fort bel aspect. La largeur de la nouvelle entrée est de 16 mètres 80 centimètres. Elle va recevoir un pont tournant métallique.

Comme on le voit, le bassin admettra des navires d'un très-fort tonnage et il faudra en augmenter sensiblement l'étendue qui est de trois hectares.

Le développement des quais de l'avant-port et du bassin donnera, après la suppression de l'ancienne écluse, 880 mètres.

On projette, dit-on, de déplacer les chantiers de construction pour les porter à l'extrémité de la retenue. L'avant-port serait alors complètement entouré de quais.

L'entrée du port entre les deux jetées est ouverte à l'ouest ; elle est située à 49° 45' 55" de latitude et 1° 58' 15" de longitude O. La situation des jetées est O. 1/4 N.-O. pour celle du nord, et O. 1/4 S.-O. pour celle du sud.

L'établissement des marées est suivant l'usage de la localité de 10 h. 30 ; suivant les annuaires hydrographiques il serait de 10 h. 45 ; selon M. Ducrot, trois années d'observations le fixent à 10 h. 21 très exactement.

La direction des vents, notée au port de Fécamp, donne, d'après le mémoire de M. Ducrot, N. 85, E. 67, S. 74, O. 138. *La Climatologie de Fécamp*, excellent mémoire dû à M. E. Marchand et publié par la Société Havraise d'Études diverses, indique en les ramenant aux quatre Rumbs principaux, N. 50, E. 99, S. 84, O. 132. Les notes de M. Marchand sont prises sur le coq de l'église de la Sainte-Trinité et les différences constatées sont dues à l'influence du cap Fagnet. Ce cap, dit M. Marchand, « par son élévation, sa direction générale et sa situation avancée vers la mer, préserve plus complètement la ville que le port qu'il garantit cependant aussi contre l'action des vents du nord, dont il affaiblit d'ailleurs l'intensité. Il garantit en outre le port des vents de l'E.-N.-E. et du N.-E, qu'il rejette à la mer, où qu'il refoule sur les falaises, sur les plateaux, de manière à les faire passer sur la ville en courants plus adoucis qu'ils ne le seraient sans cette heureuse circonstance.

Les vents du Nord doivent donc être plus nombreux quand on les observe sur le port, puisqu'il se trouve moins garanti que la ville contre leur énergique influence. Les vents de l'E., au contraire, doivent être plus nombreux dans la vallée que sur le port, puisque l'ouverture même et l'axe de cette vallée se trouvent situés dans la direction la plus favorable pour assurer le libre et facile écoulement des courants qui les portent à la mer. »

Les opérations du havre de Fécamp se bornèrent pendant bien longtemps à la petite pêche, et aux salaisons que l'on y pratiquait déjà au XIe et au XIIe siècles. Le commerce maritime ne prend de l'extension qu'au XVIIIe siècle, après la suppression de la vicomté. Encore, pour les premières années de ce siècle, n'avons-nous trouvé dans les registres de l'amirauté que des affaires relatives à la pêche du hareng et du maquereau, ou à la fabrication de la soude qui était employée par les verreries du roi, à l'exclusion des produits étrangers. Les contraventions aux ordonnances étaient fréquentes et les maîtres poursuivis souvent pour avoir pêché en temps prohibé ou navigué sans congé.

A cette époque une famille, qui a donné son nom à l'un de nos quais, s'occupait d'armements. M. Bérigny faisait construire une crevelle en 1708.

Nos marins pratiquaient la pêche aux grosses

cordes sur les côtes d'Angleterre : un rapport
de 1710 montre que l'antagonisme qui existe
entre les pêcheurs normands et nos voisins
d'Outre-Manche n'est pas chose nouvelle. « S'est
» présenté Guillaume Périer, maître du bateau
» la *Sainte-Anne*, du port de 4 tonneaux, du val
» d'Yport, lequel nous a déclaré qu'étant le
» long des côtes d'Angleterre le 2 de ce mois,
» une heure de soleil, à la pêche du poisson
» frais, étant à l'ancre proche des Sept-Falaises,
» vint de la ville de Londres à lui une frégate de
» 14 canons, dont le capitaine anglais, âgé de
» 31 ans, ayant pris un mousquet tira sur
» l'équipage dudit Périer. Une balle passa au
» travers du col de Vedieu, un de ses équipes,
» et non content le capitaine se jeta encore sur
» une autre arme et, ayant tiré, une balle du
» coup passa au travers de la jambe de Pierre
» Valleran dont il fut dangereusement blessé.
» Et comme ils étaient en état de lui faire en-
» core plusieurs décharges levèrent l'ancre et
» furent à bord de la frégate qu'ils remarquèrent
» être équipée de 80 ou 90 hommes, prirent deux
» de ses congés qu'ils ont gardés et les ren-
» voyèrent après avoir pris pour dix pistoles de
» poisson sans leur en avoir donné aucune ré-
» compense et étaient fort animés. Leur ayant
» donné plusieurs coups de sabre les ont laissé
» retourner et n'ont vu d'autres bâtiments que
» ladite frégate. » (25 Juillet.)

Les premiers voyages de Terre-Neuve que
nous ayons pu constater, datent de 1719. Ils
ont été effectués par le capitaine Pierre Maze, du
navire l'*Union* et par le capitaine Morisse qui
fit sa livraison au Havre. Ces expéditions se re-
nouvelèrent dans l'intervalle des guerres mari-
times et, jusqu'en 1784, elles donnèrent les mêmes

résultats. La pêche se faisait en dérive à l'aide de navires d'un faible tonnage. Un procès intenté par un marin à un capitaine, coupable de violences envers ses matelots, nous apprend comment l'équipage de la *Providence* était composé en 1752. Ce navire était monté par un capitaine, un pilote, un contre-maître, un chirurgien, un charpentier et huit matelots. Pendant tout le temps de la pêche, les hommes, placés dans un baril, restaient exposés, dans une immobilité presque complète, à toutes les intempéries et, comme le régime du bord était peu substantiel, le scorbut faisait d'effrayants ravages sur tous les navires. Le procureur du roi dut même requérir contre les armateurs. Informé en 1734 que « la plupart des propriétaires, armateurs
» pour le banc de Terre-Neuve, ne fournissaient
» à leurs équipages que ce qui leur plaisait de
» victuailles, et même dont la qualité desquelles
» le plus souvent altérée, comme aussi la plu-
» part des maîtres se servaient de pilotes non
» expérimentés et de chirurgiens dont la capa-
» cité n'a pas été reconnue par le chirurgien de
» de la marine » il requiert la visite d'un navire armant pour Terre-Neuve, ainsi que l'examen du pilote et du chirurgien.

Selon les experts on devait embarquer pour le banc : « Sept cent et demi de pain biscuit,
» pour quatorze hommes, à raison de douze ba-
» rils par cent ; deux poinçons de cidre à
» l'homme ; pour le lard salé, il convient pa-
» reillement demi cent à l'homme ; vingt livres
» de beurre par tête. »

Voilà certes un équipage bien approvisionné. Voyons si du moins il sera bien soigné en cas de maladie.

Le commentaire de l'ordonnance de la marine

a dit avec raison que l'on se contentait d'un simple *frater* : on peut en juger par les échan‑ tillons suivants :

En 172. un chirurgien prétendait rejoindre son navire à la Rochelle. Il inspirait tant de confiance au capitaine que ce dernier requit contre lui et le fit bel et bien déposer à la geôle de l'amirauté jusqu'au départ, afin de l'avoir sous la main. En 1733 un chirurgien meurt en cours de voyage : on vend ses effets à la Ro‑ chelle. L'habile opérateur possédait deux che‑ mises, quatre mouchoirs, un habit, une culotte et une paire de bas de laine. Mais si le nécessaire lui manquait, la part du superflu était large. Il avait donc un chapeau galonné, boucles de sou‑ liers, boucles de jarretières et quatre paires de bas de soie. L'outillage était à l'avenant. « Il » reste à bord, dit le capitaine, deux étuis garnis » de lancettes, trois mauvais rasoirs, et un étui » dans lequel *est* trois instruments de chirur‑ » gie, pour remettre à qui il appartiendra. »

On envoyait sur le banc des crevelles ou cara‑ velles que l'on allongeait de huit à dix pieds pour les rendre propres à cette navigation : navires faits avec du fagot, nous disait un vieux ma‑ rin, admirant les modernes terre-neuviers.

Ces navires rapportaient de 10 à 14 milles morues. Ou les dangers étaient grands ou le gain petit, car en 1720 un charpentier, engagé dans une crevelle pour Terre-Neuve, refusait de partir parce qu'il trouvait à gagner 20 sols par jour à terre.

Le capitaine Sabot, de Dieppe, accomplit en 1784 (1) une véritable révolution dans la pêche

____

(1) Note communiquée en 1850 à l'Association nor‑ mande par un armateur de Fécamp.

de la morue : les armateurs de Fécamp, qui ont appliqué si largement sa méthode, ont fait, à notre gré, preuve d'ingratitude en négligeant de donner à l'un de leurs navires le nom de l'ingénieux Dieppois.

Le premier, il jeta l'ancre sur le banc de Terre-Neuve et employa les lignes de fond dont les marins de la Manche savaient tirer un grand parti. Le succès répondit à son attente : il fit deux voyages fructueux dans la même année. Malgré la défense d'employer une méthode qui exposait, disait-on, les hommes à de grands dangers, lorsqu'ils allaient, sur des faibles barques, tendre ou lever les lignes, les armements similaires se multipliaient, quand la guerre vint tout arrêter.

Noël dit en parlant des diverses pêches « celle de la morue est la plus suivie à Fécamp » mais il n'indique pas la quantité de navires qu'elle employait et il ne pense pas que l'on ait armé pour d'autres pêcheries que Terre-Neuve.

La pêche du hareng et du maquereau occupaient un grand nombre de bateaux.

Une convention qui existe dans les pièces de l'Amirauté offre de curieux renseignements sur les conditions de la pêche au hareng, en 1723 :

« Je soussigné, Jean Bertot, de St-Pierre-en-
» Port, reconnais avoir pris comme maître, des
» sieurs François Montier, de Montivilliers, J.-B.
» Letellier, de Fécamp, une crevelle ou gon-
» dole qu'ils ont promis de me faire construire,
» d'environ 46 pieds de quille, pour la saison
» des harengs prochaine, laquelle je promets et
» m'engage conduire avec mes équipes cette an-

» née à la pêche de Yarmouth. Je promets aussi
» tenir compte de douze loths sur le nombre qu'il
» y en aura en icelle crevelle et de payer chaque
» saison pour les empierrements d'icelle 55 li-
» vres et un baril de harengs pleins. Ledits Le-
» tellier et Montier auront aussi le sol pour livre
» de toute la pêche qu'il pleira à Dieu de nous
» donner, soit qu'elle soit conduite à Calais,
» Dieppe, Saint-Valery ou autres lieux. Fourni-
» ront lesdits propriétaires généralement ce
» qui conviendra pour le boute-hors, même le
» sel, parce qu'il sera payé pour l'avance de
» leurs deniers par chaque cent livres. Il est
» entendu que lesdits propriétaires fourni-
» ront ce qu'il faudra de barils vides à raison
» de 39 livres de chaque leth, sans y com-
» prendre les 2 sols par livre que ledit Bertot
» paiera de surplus. Ce qu'ils rapporteront des-
» dits barils sans les avoir fait servir, lesdits
» propriétaires seront tenus de les reprendre
» pour 30 livres chaque leth. Les harengs que
» ledit Bertot et ses équipes conduiront à Fé-
» camp bien conditionnés, il s'oblige de les
» laisser auxdits propriétaires à 5 livres de moins
» par leth qu'ils ne vaudront à Dieppe lors de
» leur arrivée, sans préjudice du sol pour livre
» qu'il sera obligé de payer de toute sa pêche.
» Les quarts de harengs et bougons seront par-
» tagés à proportion des loths. Ledit Bertot
» et ses équipes s'engage à ramener ladite cre-
» velle au port et quai de Fécamp en bon et dû
» état aussitôt la saison faite. S'il arrive que les
» marchés que feront les autres propriétaires
» des vaisseaux de Fécamp soient plus avanta-
» geux que n'est le présent pour les sieurs
» Montier et Letellier, moi, Jean Bertot, veux bien
» tenir compte sur le même pied. Le présent fait
» double à Fécamp le 6e jour de janvier 1723. »

Selon Noël, la pêche du hareng avait produit, en 1750, 1608 lasts de poisson d'une valeur de 443,023 livres.

L'auteur que nous venons de citer donne les produits des années 1781 et suivantes jusqu'à 1789. Comme il a recueilli ces renseignements sur les lieux, ses chiffres méritent une entière confiance. Cependant l'année 1786, la seule pour laquelle nous ayons un point de comparaison, nous a laissé quelque doute. Selon lui, 51 bateaux employés à la pêche du hareng ont donné 4,940 last de poisson, d'une valeur de 1,262,915 livres et 49 bateaux, n'ayant apporté que 925,786 maquereaux, ont produit 257,617 livres : total pour ces deux pêches 1,520,532. Or, un rapport fait le 5 décembre 1787 à l'assemblée provinciale de la généralité de Rouen, attribue à Fécamp, d'après les états présentés par cette ville, et pour la totalité des pêches, un produit de 339,286 livres. Il y a là, ou un chiffre omis ou une exagération en sens contraire de celle de Dieppe. Cela s'explique peut-être : la dernière de ces villes se grandissait pour hâter l'ouverture du canal de l'Oise à la mer, la seconde se faisait petite pour échapper à l'attention, par suite à la concurrence et à l'impôt.

En 1789 on a compté 51 crevelles ayant apporté 3,252 last de hareng frais, vendus 866,707 livres et 42 crevelles avec 1,806,200 maquereaux, vendus 358,725 livres.

On a expédié à Terre-Neuve 12 navires jaugeant de 50 à 90 tonneaux et ensemble 670. Ils étaient montés par 115 hommes.

La présence d'un chirurgien n'était plus exigée ; la méthode des lignes de fond assurait la réussite. On voit cependant que, malgré une erreur généralement acceptée, la pêche sur le banc était loin d'avoir l'importance qu'elle a acquise de nos jours.

De loin on s'exagère volontiers les choses : souvent aussi l'on aime trop à vanter le passé. Il est bon de produire de temps à autre des chiffres qui rectifient les faits.

Fécamp s'occupait peu de la petite pêche qui était pratiquée par les barques de Saint-Jouin, d'Etretat, d'Yport et des Dalles (1). Cependant, nulle part on ne trouve de meilleurs fonds. Les turbots, les soles, les carrelets ont sur nos côtes un goût exquis. Les homards et les salicoques, que l'on nomme crevettes, nous ne savons pourquoi, ont un fumet tout particulier : depuis longtemps, leur réputation est bien établie. Un accord fait en 1727 entre le fournisseur du roi et les pêcheurs de Saint-Jouin fixe à 5 livres le prix de la paire de soles. « Loyales et marchandes, dont l'échantillon ne sera pas plus petit que celui de l'année dernière, dont la marque de la longueur est restée marquée d'un couteau, sur le bord des bateaux. »

L'emploi du chalut porta un grand préjudice aux pêcheurs d'Etretat, d'Yport et de Fécamp ; il détruisit promptement les fonds sur lesquels on pêchait d'excellents poissons. Des pêcheurs de Saint-Jouin adressèrent en 1787 la réclamation suivante à l'Amirauté.

« ..... se plaignent que pendant et surtout » depuis le mois d'août dernier, trente chalu-

---

(1) En 1738 on comptait aux Grandes Dalles 7 cabestans et 6 bateaux de 6 à 8 tonneaux ; en 1781, 7 bateaux de même tonnage.

» tiers d'Honfleur et de Trouville viennent
» faire la pêche des soles, carrelets, turbots,
» etc., non-seulement le long de la côte de Saint-
» Jouin, mais jusques sur les tramails tendus
» par les pêcheurs jusqu'à trois quarts de lieues
» au large tout au plus. Ils réclament l'applica-
» tion de l'art. 5 de l'ordonnance du roi en date
» du 31 oct. 1774.»

Cette plainte n'ayant pas produit d'effet, les marins d'Etretat coulèrent d'énormes quartiers de roches sur les fonds qu'ils voulaient préserver. Les chalutiers, d'abord victimes de cette ruse, enlevèrent les roches à l'aide de cables et complétèrent ensuite leur œuvre de destruction.

Les Bénédictins possédaient le droit de pêche « à la mer et rivages d'icelle depuis Eligues jusqu'à Lergant. » Ce droit leur était concédé par une charte de Richard II, en date du mois d'août 1027, dont ils réclamèrent l'enregistrement au greffe de l'amirauté en 1738.

Le cabotage était aussi actif que le permettait le développement des quais. On recevait les bois et les goudrons du Nord, les graines de lin de Zélande, des houilles, des vins, des eaux-de-vie, du sel, etc. Un assez grand nombre de navires anglais venaient s'approvisionner de thés à l'entrepôt. Pendant la guerre même les smugglers étaient admis, à certaines conditions, car Fécamp était compris dans les quatre ports qui leurs étaient ouverts.

Dès 1750 on envoyait des navires aux îles d'Amérique. Un arrêté du conseil d'état (11 avril 1763) permit aux négociants de Fécamp de faire directement le commerce des Iles et des Colonies françaises de l'Amérique et ce, conformément aux dispositions des lettres-patentes du mois d'Avril 1717. Les habitants confiaient des pacotilles aux capitaines et vers la fin du xviiie siècle, des maisons de Paris, faisant ce trafic, avaient des représentants à Fécamp.

Tandis que les travaux n'étaient pas complétés, on ne prenait aucune précaution pour la sûreté des navires et des hommes. La jetée était là ; suivait la passe qui voulait. Pas de pilote, pas de gardien, pas de cabestan.

On s'avisa enfin d'établir en 1740, à la tête de la jetée, un rouet, un cabestan, d'acheter deux traits pour servir au halage et de faire bâtir une petite loge. Pour subvenir à ces dépenses, dont l'entrepreneur avançait les fonds, le commerce frappa un droit de 30 sols sur les navires allant à Terre-Neuve, à Yarmouth ou venant de l'Etranger, de 20 sols sur des navires allant hors province ou destinés au maquereau ; de 10 sols pour les navires allant dans la province et à la petite pêche.

Lorsqu'en 1745, le procureur du roi demanda la nomination d'un pilote, *tenu d'avoir un bateau*, on reconnut que le gain ne serait pas suffisant pour faire vivre un homme. On concéda donc au pilote le droit exclusif de lester les navires.

On installa en 1752 un garde jetée. Une réclamation suivie d'un réglement porte : « Re-
» montrent les négociants et capitaines de navi-
» res de ce lieu, qu'il n'y a personne employé
» pour faire le signal ni de jour ni de nuit pour
» l'entrée des bâtiments, ni pour observer les
» changements qui arrivent à l'entrée du port,
» où il se fait continuellement un déplacement

ç de galet qui en change l'entrée toutes les ma-
» rées, ce qui la rend périlleuse et difficile et
» même quelquefois impossible surtout de nuit
» et force les bâtiments qui sont en rade d'aller
» relâcher dans les ports voisins, et qu'il serait
» à propos pour obvier à ces inconvénients de
» nommer un matelot ou pilote intelligent et
» d'une assez bonne conduite pour remplir le
» dit objet, auquel il serait taxé des salaires
» raisonnables sur les batiments qui entreront
» dans le port ; sur laquelle montrance, ouï
» le procureur du roi etc.... avons ordonné :

» Art. 1er. — Il sera choisi, etc.

» Art. 2. — Celui qui fera le signal visitera
» tous les jours l'entrée du port quand la mer
» sera retirée pour examiner les changements
» qui auront pu arriver.

» Art. 3. — Il se servira d'un pavillon pour
» faire connaître aux maîtres des bâtiments que
» l'entrée du port sera ou non praticable.

» Art. 4. — Il aura deux fanaux pour la
» nuit, pour indiquer aux maîtres des bâtiments
» la route qu'ils devront tenir pour entrer dans
» le port.

» Art. 6. — .....

» Art. 7. — Il veillera à la conservation du
» cabestan et empêchera que les enfants n'en
» tirent les barres et ne le tournent.

» Art. 8. — S'il se fait des changements
» considérables à l'entrée du port et s'il se bou-
» che, il en fera son rapport au greffe de l'a-
» mirauté, afin qu'il y soit remédié le plus
» promptement qu'il sera possible.

» Art. 9. — ....il sera payé par chaque
» batiment faisant la pêche de Terre-Neuve lors-
» qu'il entrera dans ce port 3 liv. ; du hareng à
» Yarmouth 3 liv.; du maquereau à l'île de Bas
» 3 liv.; par les étrangers, au dessus de 30 ton-
» neaux, 3 liv., au dessous, 30 sols ; par les
» batiments du grand cabotage 3 liv. et du petit
» 25 sols ; batiments en relâche, 25 sols ; pê-
» cheurs pour toute l'année 10 sols et les pê-
» cheurs étrangers à l'amirauté qui relâche-
» raient, 5 sols.

» Et comme la modicité du commerce qui se
» fait ne lui produirait pas suffisamment, on lui
» donne le lestage des navires étrangers.

En 1763 les négociants remontrent « que,
depuis la mort de Lhommet, aucun marin n'a
voulu se charger de faire le signal aux bâtiments
à cause du faible salaire qui avait été réglé par
sentence du 2 septembre 1752, » ils offrent de
commettre à ce soin, Remod père, capitaine, et
de lui allouer 500 livres par an.

Il n'y avait pas encore de feu sur la jetée en
1793 : le conseil de la commune demanda alors
qu'il fut établi aux frais de la nation, un réver-
bère, semblable à celui de Dieppe « et déjà sol-
» licité par la commune de Fécamp. »

La guerre maritime porta un coup funeste au
commerce. Pendant nos longues luttes avec
l'Angleterre on arma un grand nombre de yoles
qui faisaient la pêche au plomb : c'étaient d'élégantes barques à clins très haut mâtées et dont
la misaine s'allongeait sur un beaupré, incliné
dans l'eau.

Le port était très fréquenté par les corsaires
qui y amenaient leurs prises et cela valut à la

ville un bombardement dont l'effet fut nul.

La passe étant encombrée de galet était devenue tout-à-fait impraticable : les habitants désireux de ne pas perdre le gain qui résultait pour eux de la présence des corsaires, se mirent à l'œuvre et jetèrent le galet dans le courant. Il avait fallu répondre des avaries que les chasses pouvaient causer aux écluses car elles ne fonctionnaient plus depuis longtemps.

On nous a assuré que l'on coula une vieille prise en travers de la passe pour former un barrage et augmenter l'action des chasses.

Lorsque la paix permit de reprendre le cours des opérations si longtemps interrompues, on songea à la pêche du banc. Les commencements furent aussi modestes qu'en 1719, car 1814 vit partir deux terre-neuviers. Cette forte et vivace industrie grandit vite, quoique pendant plusieurs années nos navires aient continué à faire deux voyages ; mais depuis 1830 on augmenta le tonnage et beaucoup ne firent plus qu'un voyage avec retour dans un port du Midi. Les succès obtenus d'abord firent exagérer les dimensions des terre-neuviers : les deux chaloupes qui servaient à tendre les lignes parurent insuffisantes ; on en mit trois à la mer. On fit si bien enfin que l'énormité des armements rendit le moindre mécompte désastreux ; aussi remarqua-t-on une décroissance rapide dans le nombre des navires expédiés. Il fallut en revenir aux bâtiments d'un plus faible tonnage. Aujourd'hui on paraît rentré dans la bonne voie.

Pendant ce temps, les idées se tournèrent vers la mer du Nord et la pêche en Islande grandit peu à peu : elle paraît destinée à s'accroître malgré le peu de succès de la dernière campagne.

La pêche du maquereau sur la Sonde, la pêche du hareng dans la mer du Nord et dans la Manche, n'ont rien perdu de leur importance. La découverte d'un banc d'huîtres a créé une flottille qui s'occupe aussi de la petite pêche beaucoup trop négligée et qui, si elle était encouragée, pourrait augmenter le nombre des marins. (1) Ce dépôt d'un mollusque si recherché est tout récent : on avait bien exploité un banc pendant le siècle dernier, mais il s'était épuisé rapidement. En 1856, l'auteur de cette note remarqua dans les paniers du propriétaire du parc de Fécamp, une huître dont la forme attira son attention : il s'enquit d'où elle venait et sut que plusieurs barques de Saint-Valery la pêchaient à peu de distance de ce port. Il constata que ces mollusques provenant d'un navire parti de Cancale et échoué auprès de la grande vallée, devaient s'accroître rapidement ce que l'écartement des couches montrait suffisamment ; que le test avait acquis une grande résistance ; enfin, que le goût de l'huître était excellent la noix n'ayant point cette acreté que l'on reproche aux huîtres de l'Ouest. Il s'empressa de communiquer cette heureuse découverte au *Courrier de Fécamp* et au *Nouvelliste de Rouen* dont il adressa des exemplaires à M. Coste. L'éveil était donné ; un vapeur de l'État vint explorer le banc qui fut mis à l'abri de l'imprévoyance des pêcheurs et de la rapacité de nos voisins. Comme le fond est excellent, les huîtres se reproduisirent et le banc s'étendit vers Fécamp. On pourrait, à n'en pas douter, augmenter la puissance de ces dé-

____

(1) On doit souhaiter aussi le rétablissement des hauts et des bas parcs, si nombreux autrefois, qui assuraient l'existence des vieux marins et fournissaient à la consommation d'excellents produits.

pôts par des soins bien entendus, mais jusqu'à présent on a laissé faire la nature.

Nous ne devons pas clore cette rapide notice sans parler des progrès remarquables réalisés par nos constructeurs de navires.

Depuis longtemps Fécamp se distingue par la solidité et l'élégance de ses terreneuviers. Plusieurs d'entr'eux, jugés trop grands pour la pêche, ont été expédiés au long cours et semblent construits pour cette destination.

Les lourds hourys qui avaient succédé aux orevelles et aux gondoles sont remplacés eux-mêmes par d'élégants navires, de véritables clippers, que l'on transformerait facilement en yachts. Grâce à leur nombreux équipage, à leur immense voilure de lougre suspendue à des mâts que rien ne semble soutenir, ces navires luttent de vitesse avec les vapeurs et semblent se jouer des plus grosses mers ; obéissant parfaitement au gouvernail, ils pénètrent dans la passe par des tempêtes affreuses qui font fuir les côtes aux bâtiments carrés.

A ces éléments de richesse, Fécamp joint un cabotage actif avec nos côtes et avec l'étranger, que l'ouverture de la ligne de Dieppe avait amoindri, mais qui se relève depuis le prolongement de la voie ferrée jusqu'au bassin et même au long des quais.

Quelques chiffres établiront et la marche et l'importance actuelle du commerce maritime.

En 1821, on a compté 252 navires français et étrangers, jaugeant 15,300 tonneaux. — Le port possédait 9 terreneuviers, 24 bateaux faisant la pêcho du hareng et 7 faisant la pêcho du maquereau.

En 1831, 479 navires français et étrangers, jaugeant 17,092 tonneaux ; le nombre des terre-neuviers était porté à 16 et celui des hourys à 30.

En 1842, 781 navires français et étrangers. jaugeant 52,450 tonneaux, 43 terre-neuviers.

C'est l'époque où le nombre des terre-neuviers a été le plus considérable ; mais leur tonnage était encore peu élevé. A partir de cette année, l'exagération des dimensions des navires destinés à la pêche du banc, en a fait réduire le nombre que l'on voit se relever en 1805, malgré les expéditions pour l'Islande qui datent de peu d'années.

L'ensemble de la navigation au port de Fécamp a donné en 1864, 1,089 navires jaugeant 88,912 tonneaux. Ils se décomposent ainsi :

1,467 caboteurs français et étrangers jaugeant ensemble 44,426 tonneaux et montés par 2,714 hommes.

28 navires de l'Etat jaugeant 3,344 tonneaux, et comprenant 914 hommes d'équipage.

52 relâcheurs, 3,410 tonneaux, 260 hommes.

91 trois-mâts bricks, lougres, et goëlettes, faisant la pêche de la morue à Terre-Neuve et à Islande, 8,467 tonneaux, 1,333 hommes d'équipage.

334 lougres, dits hourys, faisant la pêche du hareng, 21,529 tonneaux et 8,280 hommes,

117 lougres (dits hourys), faisant la pêche du maquereau sur la sonde 7,736 tonneaux, 3,044 hommes. (Les boulonnais ne sont pas compris dans ce nombre.)

Il est entré, en outre, 400 barques chalutières.

30 barques font, pendant la saison, la pêche des huîtres et se livrent aussi à la pêche du maquereau au *plomb*.

31 bateaux appartenant au port de Fécamp, ont importé 772 last de harengs caqués, 22,855 braillés et 3000 mesures de poisson frais dont la valeur a été de 925,103 fr. Nous ne connaissons pas le chiffre des importations des navires appartenant à d'autres ports et qui ont fait leur retour à Fécamp.

La pêche sur les côtes a donné 15,113 mesures de hareng frais.

Il faut remarquer que la jauge des terre-neuviers est réduite en raison de l'installation nécessitée par la salaison à bord : pour le commerce elle serait plus élevée. Le plus grand nombre des terre-neuviers faisant leur retour à Cette, nous n'avons pas leur produit.

Nous ne mentionnerons pas les longs-courriers qui bien qu'attachés à Fécamp appartiennent en réalité au port du Havre, où ils effectuent leurs départs et leurs retours.

La saison 1865 promet d'être fort brillante. On a expédié au banc 29 navires, jaugeant 5,849 tonneaux, montés par 562 hommes et à Islande 19 navires, jaugeant 4,400 tonneaux, montés par 471 hommes.

La pêche du maquereau emploie en ce moment 19 hourys jaugeant 1,281 tonneaux et montés par 501 hommes.

Comme tous les ports de pêche, Fécamp offre de singulières différences selon l'époque de l'année où on le visite. Tantôt les quais ne suffisent plus aux navires de toutes sortes qui se serrent sur trois ou quatre rangs, tantôt ils sont presque complètement déserts. Si le cabotage devenait plus actif, si des relations directes pouvaient s'établir avec les diverses colonies, il n'en serait plus ainsi. Mais le Havre avec ses nombreux bassins, son vaste entrepôt, ses immenses magasins généraux, paraît destiné à absorber dans la Manche du Nord, le commerce avec les contrées transatlantiques. Il y a en outre une sorte d'incompatibilité entre le commerce proprement dit et les armements pour la pêche. Peut être est-il sage de s'en tenir à ce que l'on possède sans rien désirer au delà.